AF229059

ADRESSE AU ROI

RELATIVE

AU PROJET DE LOI ÉLECTORALE.

Paris, Imprimerie de L.-É. HERHAN, rue Saint-Denis, n° 38o.

ADRESSE AU ROI

RELATIVE

AU PROJET DE LOI ÉLECTORALE

PRÉSENTÉ

A LA SANCTION DE SA MAJESTÉ PAR LES CHAMBRES DES DÉPUTÉS ET DES PAIRS.

IL EST PROUVÉ DANS CETTE ADRESSE
QUE LE PROJET DE LOI VIOLE LA CHARTE DANS LE PLUS ESSENTIEL
DE SES PRINCIPES.

> Un gouvernement constitutionnel doit s'occupper
> d'intérêts toujours, et de personnes jamais.

PAR F.-A. LEDREUILLE.

PARIS.

SÉDILLOT, LIBRAIRE,
RUE DE L'ODÉON, N° 30.
DELAUNAY, LIBRAIRE, PALAIS-ROYAL.

1831.

ADRESSE AU ROI

RELATIVE

AU PROJET DE LOI ÉLECTORALE.

SIRE,

Toutes les révolutions populaires ont eu pour cause la violation des lois fondamentales. Il n'y a pas dans l'histoire du monde un seul fait qui démente cette assertion.

La violation de ces lois amène tôt ou tard les révolutions : c'est encore là une de ces vérités qu'atteste l'expérience de tous les temps et de tous les peuples.

La vengeance populaire distingue rarement entre l'erreur et le crime, parce qu'ils ont tous deux les mêmes résultats ; l'un et l'autre en effet privent les citoyens de droits sacrés, établissent des priviléges, consacrent des injustices, troublent la paix des États, et compromettent leur avenir.

La violation des lois fondamentales n'a aucune

compensation réelle ; avilissant à la fois et ceux qui la font et ceux qui la souffrent, elle ressemble à une chaîne qui attache pour quelque temps au même joug un troupeau d'esclaves. Mais bientôt ils se réveillent, la brisent, et écrasent avec ses honteux débris les imprudens qui l'ont forgée.

Eh bien ! Sire, ceux qui vous proposent de sanctionner la nouvelle loi électorale, présentent à votre royale signature la violation de la Charte que vous avez jurée.

Daignez, Sire, ne pas me regarder comme l'ennemi des deux Chambres ; je ne conteste ni les lumières, ni la probité de chacun des membres qui les composent. Je juge la loi et non le législateur : ils peuvent se tromper, parce qu'ils sont hommes, et je puis attaquer leurs œuvres, parce que je suis citoyen.

Si je n'ai point adressé, sous la forme de pétition aux deux Chambres, les idées que j'ose mettre sous les yeux de Votre Majesté, ce n'est ni par haine, ni par mépris ; je sais les députés et les pairs de France hommes d'honneur et de talent ; je croyais qu'ils ne mutileraient pas une Charte qui est leur ouvrage ; j'avais en eux une entière confiance, et je suis encore à comprendre quel esprit de vertige les a poussés dans la route fatale où ils veulent vous entraîner sur leurs pas !

D'ailleurs, en y réfléchissant, Sire, je ne suis pas fâché que les circonstances m'aient mis dans la nécessité de ne pouvoir m'adresser qu'à vous. Votre

Majesté possède à elle seule un droit égal à celui de chacune de nos assemblées délibérantes. Ce qu'elles peuvent, vous le pouvez comme elles; votre volonté royale contrebalance leurs majorités réunies. Or, me suis-je dit, il est plus facile de faire pénétrer la vérité dans le cœur d'un homme que dans celui de quatre ou cinq cents, surtout lorsque le citoyen qui prêche cette vérité n'étant rien dans le monde, n'ayant à sa disposition aucun des organes de la presse, ne possède d'autre moyen de succès que la justesse d'une pensée inconnue, et la force d'une conviction solitaire.

Homme du peuple, marchant jusqu'à présent au milieu de ses foules innombrables, j'en sors pour déposer au pied du trône de Votre Majesté quelques idées que la réflexion a mûries, et que dicte l'indépendance.

N'appartenant à aucune association, je ne tiens ma mission de personne, j'apporte isolément au trésor des idées françaises le tribut de mes idées particulières : cette contribution morale est un devoir, et je le remplis.

En outre, Sire, n'êtes-vous pas le représentant naturel de tous ceux qui n'en ont pas d'autres? Roi des Français, vous avez donc pour cliens trente-deux millions d'hommes. Je suis l'un de ces hommes. Lorsque la sentence qui va régler nos intérêts à la face du monde se prépare au milieu des débats parlementaires, toutes les Chambres assemblées, client obscur, je heurte avec confiance à la porte de notre royal patron. Je viens lui exposer nos droits et nos vœux, certain qu'il écoutera les uns et fera respecter les autres.

Si cette audience qui m'est accordée n'a pas de solennité par celui qui l'obtient, elle en a par celui qui l'accorde, et par l'importance du sujet qu'on y traite. Il s'agit peut-être de la stabilité d'un trône, et certainement des intérêts d'un grand peuple.

La loi électorale renferme nécessairement deux objets principaux, les électeurs et les éligibles. Or, le projet des Chambres est inconstitutionnel par rapport aux premiers, et incomplet par rapport aux seconds. Ce jugement, qui paraît sévère, n'est que juste. Veuillez, Sire, en examiner avec moi les raisons; elles ne résultent pas d'un ordre d'idées spécial et métaphysique, mais du simple bon sens et de l'état actuel des choses.

Depuis la révolutiou de juillet, la nouvelle Charte est le droit public des Français. Toutes nos lois politiques, dont notre constitution est le principe et l'abrégé, doivent donc être en harmonie avec elle, autrement cette Charte, faussée dans son application, ne *serait plus une vérité.*

Les deux premiers principes qu'elle consacre sont la souveraineté du peuple *et l'égalité de tous les Français devant la loi.* Le second de ces principes explique le premier de la manière la plus nette et la plus précise. *Tous les Français, voilà le peuple souverain.* Ne divisons donc pas ce que la Charte unit. La garde nationale seule, les riches seuls, les pauvres seuls, les savans seuls, les ignorans seuls, ne forment pas le peuple souverain; il y a quelque chose de supérieur à chacune de ces classes, c'est tout le monde.

Si les Chambres excluent un individu d'un droit qu'elles accorderont à un autre, il y aura privilége, il n'y aura plus d'égalité, ni de Charte par conséquent. Sortis à peine d'une révolution, nous en recommençons une nouvelle; car les priviléges n'étant plus dans nos mœurs, seront tôt ou tard repris violemment. Malheur à ceux qui les ont, malheur surtout à ceux qui les donnent!

Cette disposition de la Charte : *Tous les Français sont égaux devant la loi,* assigne à la souveraineté du peuple son véritable sens. Mais que doit-on entendre par le principe lui-même? signifie-t-il que tous les Français aient les mêmes droits les uns que les autres? Non sans doute; car il y a une loi antérieure à la Charte, et que la Charte n'a pu détruire, c'est la loi naturelle.

Cette loi donne des droits aux pères sur leurs enfans, aux tuteurs sur leurs pupilles, aux maris sur leurs femmes. Le Code civil, qui ne devrait être et qui n'est souvent que l'application de cette loi primitive, a réglé les droits respectifs des citoyens entre eux, et la Charte n'a pu, ni voulu changer ces droits qu'on nomme naturels, parce qu'ils sont fondés sur la nature des hommes et des choses.

Ainsi notre article signifie que tous les Français ont les mêmes droits les uns que les autres, quand ces droits ne seront pas contraires aux principes de la loi naturelle.

Mais est-il bon que tous les Français majeurs, qui tiennent incontestablement de la nature les mêmes droits politiques, exercent ces droits dans toute leur étendue?

Quand il s'agit de faire une Charte, oui : dans toutes les autres circonstances, cela dépend de cette Charte même; c'est selon les concessions qu'a faites le peuple souverain. Les droits qu'il n'a pas abdiqués par une déclaration solennelle, il les possède : c'est là le premier principe, je ne dirai pas seulement des gouvernemens constitutionnels et des républiques, mais encore de la monarchie et du despotisme eux-mêmes.

Or, la Charte ne contient, dans aucun de ses articles, la renonciation aux droits électoraux. Je vois bien (article 3.1) que *l'organisation des colléges sera determinée par des lois.* Je vois bien (article 34) qu'aucun député ne peut être admis dans la Chambre *s'il n'est âgé de trente ans,* et (article 36), *que nul n'est électeur s'il a moins de vingt-cinq ans;* mais voilà tout.

Ainsi, sauf ces deux restrictions, dont la première regarde les éligibles, et la seconde les électeurs, il y a égalité de droits entre tous les Français, et les Chambres sont obligées de les respecter.

Elles ont mission d'*organiser les colléges électo-*

raux (article 31). Or, l'organisation est une affaire de réglement et de forme. La Charte leur a dit : Voilà tous les élémens du corps électoral; vous pouvez composer avec ces élémens les diverses parties de cet immense colosse; faites des uns le cœur, des autres la tête; mais qu'ils y entrent tous, car je vous donne mission de les organiser et non d'en rejeter aucun.

Que penserait-on d'un homme qui, dans l'organisation d'une armée, ne conserverait que les officiers et renverrait tous les soldats ? *Organiser*, d'après l'Académie, *c'est donner aux parties d'un corps la disposition nécessaire pour les fonctions auxquelles il est destiné.* Vous voyez, Sire, qu'il ne s'agit pas de retrancher une ou plusieurs parties de ce corps, mais seulement de donner à toutes les parties la disposition nécessaire pour les fonctions auxquelles on le destine.

C'est ce que ne fait pas le projet des Chambres : semblable à la hache du bourreau, il guillotine, pour ainsi dire, le corps électoral, et n'en conserve que la tête, comme si le tronc et la tête pouvaient vivre l'un sans l'autre.

Faut-il conclure de ce raisonnement que tous les Français doivent, d'après la Charte, exercer sur les élections une influence égale? Non, certes, ils doivent tous y concourir, parce qu'ils sont tous égaux devant la loi, mais leur influence doit être proportionnelle.

Le droit d'élire, accordé à tous les Français de vingt-cinq ans, résulte principalement de la souveraineté du peuple : l'influence proportionnelle, fondée sur la nature des choses, a pour principe politique l'égalité de tous les Français devant la loi. C'est pour arriver à graduer cette influence, qu'il faut organiser les colléges électoraux. Cette organisation amènera nécessairement des différences dans l'exercice du même droit, commun à tous; mais hors les cas prévus par les lois déjà faites, nul ne peut être privé du droit électoral en totalité.

Que signifie alors cet article de la Charte : Nul n'est électeur, s'il n'est âgé de trente ans et *s'il ne remplit les conditions déterminées par la loi ?*

Cet article signifie que les lois antérieures qui, dans certaines circonstances, privent les Français de tout ou partie de leurs droits politiques, ne sont pas abolies, et que par conséquent les femmes, les interdits, les morts civils, etc., etc., ne peuvent pas plus participer aux élections sous la nouvelle constitution qu'ils ne le pouvaient sous l'ancienne.

Remarquez, Sire, l'essentielle différence qui existe entre l'art. 31 et l'art. 36; l'un parle de lois à faire *sera déterminée,* l'autre parle de la loi faite : Nul n'est électeur s'il a moins de vingt-cinq ans, et s'il ne réunit les autres conditions *déterminées par la loi.* S'il avait été question de nouvelles conditions à établir, l'article porterait certainement *qui seront déterminées par des lois :* la différence des deux articles saute aux yeux.

S'il restait quelque doute, une simple réflexion suffirait pour le dissiper.

Je suppose que les deux Chambres, cédant au vœu

de quelques-uns de leurs membres, eussent fait une loi en vertu de laquelle, hormis ceux qui se trouvent privés des droits politiques par le Code, tous les Français âgés de vingt-cinq ans, sans distinction de fortune ni de rang, contribueraient personnellement par un vote égal à l'élection des députés, transplantant ainsi dans la France le mode des élections américaines : on aurait pu blâmer cette loi comme mauvaise, absurde, dangereuse; mais, je vous le demande, Sire, qui aurait vu dans cette loi une violation de la Charte? Et cependant, dans le système de ceux qui assimileraient le passé de l'art. 36 au futur de l'art. 31, il y aurait eu violation manifeste de notre pacte constitutionnel, puisque le pacte exigerait de nouvelles conditions que la loi électorale n'aurait pas établies.

Disons enfin, pour couper court à cette objection spécieuse, qu'à l'exception des cas antérieurement déterminés, on ne peut priver un seul Français, âgé de vingt-cinq ans, de l'exercice plus ou moins étendu des droits électoraux, sans violer la Charte dans le premier de ses principes, qui déclare sans ambiguité ni restriction, que *tous les Français sont égaux devant la loi, quels que soient d'ailleurs leurs titres et leurs rangs.*

Il faudra donc faire en France ce qu'on ne faisait pas dans la plupart des républiques, donner un droit égal aux citoyens dans les élections ?

S'il n'y avait pas d'autre moyen de les y faire concourir, il vaudrait mieux essayer de cette organisation que de violer la Charte, car ce crime est encore le plus grand des malheurs pour un peuple. Mais, Sire, telle n'est pas ma pensée; je crois qu'il y a un moyen plus simple et plus constitutionnel d'arriver au but que tout gouvernement doit se proposer, le bonheur du peuple fondé sur le développement de ses lois organiques.

Le droit d'élection, sous quelque rapport qu'on l'envisage, est une partie du gouvernement que le peuple souverain s'est réservée; il gouverne en élisant, puisqu'il nomme en dernier ressort les membres de l'un des trois pouvoirs. Le projet des Chambres a-t-il au moins trouvé le véritable degré d'influence que chaque citoyen doit exercer dans les élections?

Les Chambres qui se sont trompées en créant des colléges électoraux, quand elles ne devaient que les organiser, se sont trompées dans cette organisation même; c'est sans doute parce qu'une erreur ne va jamais seule.

Tout gouvernement, soit qu'il tire son autorité du ciel ou que sa puissance vienne de la terre, a été établi non seulement au profit de ceux qui commandent, mais surtout au profit de ceux qui obéissent. Or, si le gouvernement veut remplir sa mission dans toute son étendue, s'il veut vivre, il s'occupera d'intérêts toujours, et de personnes jamais; car rien de moins stable que les hommes, rien au contraire de plus invariable que les intérêts. D'ailleurs, en faisant les lois pour les intérêts, vous les faites aussi nécessairement pour les hommes; au lieu qu'en les faisant pour les hommes, il est presque impossible qu'elles ne soient pas entachées de privilége.

C'est donc encore moins les droits individuels que les intérêts d'un pays qu'il faut avoir en vue quand on fait des lois, ou plutôt on ne peut reconnaître comme droit que ce qui s'appuie sur un intérêt quelconque, de manière pourtant à ne jamais sacrifier les intérêts généraux aux intérêts particuliers, et à ne pas créer un avantage en faveur d'une classe ou d'un individu, lorsque cet avantage peut détruire l'égalité que la Charte a posée en principe.

La Chambre des députés est la représentation nationale; elle doit donc représenter la nation tout entière, et par conséquent tous les intérêts, quelque petits qu'ils soient, doivent y avoir un mandataire : donc toutes les classes doivent, plus ou moins, concourir aux élections, parce que toutes les classes ont des intérêts plus ou moins grands à conserver et à défendre.

Puisqu'il y a dans la nation des intérêts différens, l'influence de chacun, dans les élections, doit être en proportion de ses intérêts. Il s'agit d'établir une ligne proportionnelle entre ces intérêts divers; c'est une opération toute mathématique; son résultat doit donc être rigoureux comme un calcul, exact comme un compte de finances.

Chacun contribue, pour sa part, à faire mouvoir la grande machine du gouvernement : c'est un sacrifice que la loi exige; sacrifice nécessaire sans lequel il n'y a pas d'ordre possible. Le Roi et les Chambres, mais la Chambre élective en particulier, règlent le montant de ces sacrifices selon les moyens et les intérêts de chacun.

Cette répartition, que consacre la Charte dans son deuxième article, repose sur un principe juste ; car plus on possède, plus on a d'intérêt à conserver, et plus par conséquent on doit faire de sacrifices pour se maintenir dans la légitime possession de ce qu'on a.

Les contributions fondées sur les intérêts proportionnels les représentent donc merveilleusement : c'est donc à juste titre qu'on prend les contributions pour base du système électoral ; je ne sais même si l'on pourrait lui en donner une plus raisonnable.

La quotité proportionnelle des contributions est une conséquence immédiate du principe de l'égalité.

Mais si, en vertu de cette égalité, nos sacrifices doivent être en proportion de nos moyens, nos intérêts aussi doivent être en proportion de nos sacrifices, et nos droits en proportion de nos intérêts. C'est un enchaînement qu'il n'est permis à personne de rompre.

Dès lors le législateur ne peut exclure qui que ce soit des contribuables du droit imprescriptible d'examiner, par lui ou un fondé de pouvoirs, l'emploi qu'on a fait des sommes qu'il a données.

Il est bien juste que celui qui donne sache si les conditions du don qu'il a fait ont été remplies, et si le don lui-même n'a pas été détourné de son véritable usage. Cette conséquence résulte non seulement du droit politique, mais encore du droit naturel.

Dès lors aussi l'influence de chaque contribuable, dans le choix des mandataires, doit être dans une proportion exacte avec la quotité de ses contributions.

Toutes les fois que cette proportion n'existera pas, il y aura juste sujet de plainte, parce qu'il y aura privilége; chacun pourra invoquer un droit tout-à-fait semblable à ce que le Code appelle *la tierce opposition*, et refuser un impôt qu'il n'a ni voté, ni reparti, ni contrôlé.

Les colléges électoraux, formés d'après le projet de loi, représenteront-ils tous les intérêts de la nation? non, sans aucun doute, puisque tous les Français, majeurs et propriétaires, payassent-ils un cens très-élevé, ne peuvent se faire représenter dans ces colléges avant l'âge de vingt-cinq ans, et que tous les individus de cet âge qui ne payent pas 200 fr. de contributions directes en sont exclus, de manière à ne concourir aux élections, ni directement ni indirectement: c'est-à-dire, que les députés représentent trois cent mille de leurs concitoyens à peu près, et la moitié, tout au plus, de la France contribuable. Voilà donc les droits incontestables de dix millions de Français confisqués au profit de trois cent mille.

Que devient, Sire, l'égalité devant la loi?

Pourquoi donc cet acharnement des Chambres à ne pas vouloir entrer franchement dans le système d'une Charte qu'elles ont signée? Serait-il vrai que les députés, pour avoir quelques chances de plus d'une réélection prochaine, auraient voulu le moins d'hommes nouveaux possible dans les colléges électoraux? Serait-il vrai que les pairs de France, dont le sort, sous un point de vue, va se décider dans la session qui se prépare, craignissent la discussion franche de la question d'hérédité devant une chambre élective, véritablement nationale.

S'il en était ainsi, ce que je ne veux pas croire, il faudrait les plaindre, les uns et les autres, car ce serait montrer, à la fois, bien de l'égoïsme et bien de la maladresse.

Le temps des escamotages politiques est passé; toutes les ruses ont été jusqu'à présent essayées sans réussir; il n'y a que la franchise et la bonne foi dont on n'ait pas fait usage; pourquoi ne pas entrer dans cette large route? si l'on ne réussit pas, il sera toujours temps de rentrer dans le chemin des tâtonnemens et de la perfidie.

N'est-ce pas chose incroyable que la plupart des gouvernemens tombent dans l'énorme faute de protéger les grands et les riches contre les petits et les pauvres! Je ne dis pas qu'on devrait faire tout juste le contraire : non, sans aucun doute, mais je dis qu'il faut protéger également toutes les classes, en veillant à ce que chacune d'elles jouisse des droits dont on ne peut les priver sans injustice.

Pourquoi donc établir de nouveaux priviléges? Pourquoi conserver ceux qui existaient avant la nouvelle

Charte ? Qu'on y songe ; les peuples perdent patience, et leur réveil est terrible.

En empêchant que les intérêts spéciaux de tous les Français qui payent à l'État moins de 200 fr. soient spécialement représentés, quel a été le but de nos législateurs ? Ceux qu'ils ont exclus du vote électoral ne doivent-ils pas désirer plus que personne que le commerce soit florissant, l'industrie encouragée, l'agriculture protégée, l'ordre maintenu, la paix assurée ? N'est-ce pas sur eux particulièrement que pèsent les charges personnelles, ne composent-ils pas les quatre-vingt-dix-neuf-centièmes de nos artisans, ouvriers, laboureurs, employés, soldats ? La guerre, le travail, la misère les appréhendent au corps sans qu'ils aient aucun moyen de s'y soustraire ! En outre, comme les riches, ils paient des contributions directes, chacun en proportion de ses moyens ; pourquoi donc, en leur imposant des charges personnelles, leur refuser un droit personnel proportionné à leurs sacrifices ? N'ont-ils pas assez de bon sens pour aider à choisir un honnête mandataire ? N'ont-ils pas assez de bon sens pour lui dire ce qu'ils souffrent ou espèrent ? A défaut de lumières, n'ont-ils pas des besoins qui font voir encore plus juste que les lumières ?

Leurs droits, venant de la même source, appuyés sur les mêmes principes que ceux des citoyens plus riches, ne peuvent pas être contestés : comme les raisons qu'invoquent ceux-ci et les raisons que pensent invoquer ceux-là sont absolument identiques, je ne vois pas pourquoi l'on excluerait les uns quand on admet les autres.

On pense qu'il faut aller lentement dans l'augmentation du nombre des électeurs par l'abaissement du cens : si les nouveaux électeurs vont bien on pourra descendre encore et augmenter leur nombre. Ainsi les membres nouveaux du collége électoral sont des électeurs à l'essai; les droits de leurs concitoyens qui paient moins qu'eux dépendront de la conduite qu'ils vont tenir!

Ce grand échafaudage de prudence politique tombe devant un mot : il ne s'agit pas d'un privilége à accorder, mais d'un droit, dont il faut régler l'exercice.

Le nouveau projet de loi électoral que j'oserai vous soumettre, Sire, répondra victorieusement, je l'espère, aux objections de détail qu'il est dès lors inutile de réfuter ici.

Résumons-nous, et disons : Le projet de loi des Chambres, en ce qui concerne les électeurs est contraire à la Charte, parce qu'il détruit l'égalité de tous les Français devant la loi; il est contraire à la raison, parce qu'il ne peut pas donner une vraie représentation nationale; il est contraire à la justice, parce qu'en l'exécutant, il y a une foule d'intérêts spéciaux qui ne sont pas spécialement représentés; il est inconséquent, parce qu'en prenant les sacrifices pour base des droits, il n'établit pas en même temps la proportion qui doit exister entre les uns et les autres; il est

tyrannique et exorbitant, puisqu'il établit des priviléges.

Voyons maintenant si ce projet, inconstitutionnel par rapport aux électeurs, n'est pas, comme je l'ai avancé, incomplet par rapport aux éligibles.

Les membres de la Chambre élective ont besoin, comme législateurs, de droits pour faire les lois, et de capacité pour les faire bonnes.

Examinons en peu de mots le projet sous ce double point de vue.

D'abord les droits des députés dépendent absolument de leur élection; ils représentent à la chambre le collége électoral qui les envoie, et rien de plus. Or, si les colléges réunis de la France ne représentent pas avec une rigueur mathématique tous les intérêts de la France, les députés réunis ne pourront pas se dire les mandataires de la France, mais seulement d'une portion plus ou moins considérable de la France.

L'un représentera cent électeurs, l'autre deux cents, celui-ci mille, celui-là deux mille; chacun de ces députés aura mission de veiller aux intérêts de ses commettans, il aura tous les droits qu'ils ont eux-mêmes dans le gouvernement, mais voilà tout.

Si donc tous les intérêts du pays ne sont pas représentés dans les colléges électoraux, ils ne peuvent pas l'être davantage dans la Chambre des députés.

Si tous les droits ne sont pas réunis dans les colléges, ils ne peuvent pas l'être dans la chambre élective; c'est clair comme de l'arithmétique.

Or j'ai démontré, ce me semble, que les colléges électoraux ne représentaient qu'un petit nombre de Français, et qu'une faible portion des intérêts de la France ; la Chambre, telle que la ferait le projet que j'attaque, n'aurait donc qu'une petite et faible partie des droits qui lui sont nécessaires pour faire des lois véritables.

De manière que le vice des colléges électoraux souille la Chambre elle-même. Les colléges sont incomplètement et inconstitutionnellement composés. La Chambre qui sort de ces colléges sera, comme eux, d'une composition incomplète et inconstitutionnelle. Dès-lors tout ce que fera cette Chambre sera illégal, et obligera tout au plus les commettans privilégiés qui l'ont choisie.

On disait, sous la restauration, que les députés tenaient leurs droits, non des électeurs qui les choisissaient, mais de la loi qui les constituait. Cette doctrine était une absurdité, même sous la restauration, parce que les députés étaient déjà les mandataires, non de la loi qui ne fait que régler et confirmer le mandat, mais des électeurs qui le donnaient aux hommes de leur choix.

Sous la nouvelle Charte, une pareille doctrine est encore plus absurde, parce que cette Charte repose sur la souveraineté du peuple.

A moins toutefois qu'on ne soutienne que les électeurs désignés par les Chambres ne forment à eux seuls tout le peuple souverain ; et alors il faudra le déclarer bien solennellement ; car personne n'a jusqu'àprésent compris ainsi la souveraineté du peuple. Mais on ne l'oserait pas, parce que cette déclaration tomberait d'elle-même sous le poids de sa propre absurdité.

Revenons donc aux principes, et avouons que la Chambre des députés élus d'après le projet serait une anomalie ridicule, une représentation en miniature, une réunion de législateurs sans mission suffisante, un contre-sens palpable dans l'ordre des choses actuel, une véritable *faction* qui voudrait soumettre le plus grand nombre aux caprices du plus petit, une espèce d'assemblée prétorienne en habit court, qui, du sein de la capitale, imposerait les lois aux départemens asservis, comme la garde du prétoire imposait, du sein du palais, les empereurs aux provinces romaines.

Voyez, Sire, dans quelles graves erreurs peut jeter la déviation imprudente d'un principe. On organise la tyrannie avec un mot comme avec un sabre ; mais ce que le sabre n'a pu défendre, quoique porté par une main héroïque, un mot ne le défendra pas, quoique prononcé par la bouche éloquente de nos six cents législateurs.

Si du moins, à défaut de droits, le projet garantissait la capacité à nos mandataires, certaine d'être gouvernée par des intelligences supérieures, la France pourrait se résigner au sort qu'on lui prépare. Les peuples ont subi plus d'une fois le despotisme de la gloire, du hasard, de la cruauté même, ils subiraient peut-être aussi volontiers le despotisme de l'intelligence.

Que faut-il, d'après le projet, pour être éligible? Jouir de tous ses droits civils, avoir trente ans, payer à l'État 400 fr. de contributions directes, et ne pas occuper telle ou telle place dans le gouvernement.

Jouir de tous les droits civil, ou plutôt n'avoir pas été flétri juridiquement, c'est juste; cela existait même sous la restauration : avoir trente ans, c'est la lettre de la Charte; nos législateurs qui, comme nous l'avons vu, n'en respectent pas les dispositions les plus essentielles, se seraient bien gardés de toucher à celle-là, qui, pour le dire en passant, ne me semble pas la meilleure, puisque, par elle, on aurait exclu de la Chambre élective Hoche toute sa vie, Bonaparte avant son retour d'Égypte, Bonaparte qui avait déjà pris plusieurs capitales, fait d'importans traités, écrasé de nombreuses armées, et créé une nouvelle science de la guerre : et ces deux rivaux si célèbres, si brillans, si utiles, Fox et Pitt, dont la voix ébranlait le monde, s'ils avaient été Français n'auraient pu s'asseoir sur les bancs de nos députés avant trente ans; Pitt et Fox qui, à cet âge, fatiguaient depuis longues années toutes les voix de la renommée européenne !

Mais tel est mon respect pour la Charte, que je blâmerais les Chambres si elles avaient voulu modifier cet article; je crois que, pour en changer un mot même inutile, il faut de bien graves circonstances, et *l'annonce publique du projet de ce changement avant les élections.* Passons donc sur les trente ans, et prions Dieu que tous les Français nécessaires à leur patrie arrivent non seulement à cet âge, mais encore à la vieillesse la plus avancée.

Interdire accidentellement à quelques fonctionnaires l'entrée de la Chambre élective, c'est une mesure qu'on peut regarder comme bonne ou mauvaise, selon le lieu où l'on se place pour l'examiner; elle n'a rien d'inconstitutionnel; ce qu'elle ôte à la Chambre en capacités spéciales, elle le lui rend peut-être en indépendance : c'est là un de ces traits qui ont la prétention d'aller droit au but, qui y arrivent même tant bien que mal, mais qui ressemblent aux flèches du vieux Priam : *Telum imbelle et sine ictu.*

Sans blâmer ni approuver cette mesure insignifiante, je me permettrai de demander pourquoi on ne l'a pas étendue à tous les fonctionnaires qui ne peuvent pas siéger comme députés, sans faire souffrir par leur absence les places qu'ils occupent. Quand on adopte un principe, il faut le suivre en tout, sous peine de commettre une iniquité. Les exclusions arbitraires ne sont pas plus légales que les priviléges. Je ne voudrais pas qu'il fût déclaré dans la loi que tel ou tel fonctionnaire ne peut être choisi par les électeurs, mais que le gouvernement ne peut confier ou laisser à un député telles ou telles fonctions, parce que ces fonctions et le mandat sont incompatibles : obligé de limiter le choix du gouvernement ou du peuple, ce n'est pas le peuple qu'il faut restreindre parce qu'il est souverain, mais le gouvernement qui ne possède qu'un pouvoir secondaire.

Jouir de ses droits politiques, tout le monde à peu près offre cette garantie: avoir trente ans, il y a beaucoup d'individus dans ce cas : ne pas occuper les places déclarées incompatibles, tous les Français, moins sept ou huit cents, ont ce malheur ou cet avantage; les électeurs auraient de quoi choisir : il y a parmi tant d'éligibles un assez bon nombre de gens de mérite; il ne faut aux électeurs, pour mettre la main sur eux, qu'un peu de discernement et beaucoup de bonheur. il est d'ailleurs bien probable que nos législateurs indiqueront une marque distinctive qui les fera reconnaître aisément; s'ils ont donné peu de soin au reste du projet, c'est qu'ils se se sont très-particulièrement occupés de cette disposition importante.

Dites-nous donc, messieurs, à quel signe nous pourrons distinguer ces mandataires si désirables?

Nul ne sera éligible s'il ne paie 400 fr. de contributions directes! Après? Mais c'est tout! Cela ne suffit-il pas? Voilà, avec les trente ans, la garantie que le mandataire nous donne de sa probité, de ses talens, etc.!

Ces messieurs, comme vous le voyez, Sire, ne sont pas difficiles. Avoir trente ans et payer 400 fr. au trésor, cela suffit! Nous sommes désormais bien sûrs de ne trouver à la Chambre des députés que des hommes extrêmement capables, parce qu'il est absolument

impossible d'avoir trente ans et de payer 400 fr. de
contributions sans posséder au degré le plus éminent
tous les talens et toutes les vertus d'un législateur,
d'un politique, d'un administrateur et d'un financier.
Ah ! mon Dieu, les électeurs pourront choisir les yeux
fermés ! Tous les éligibles sont dignes du mandat,
puisqu'ils paient 400 fr. et qu'ils ont trente ans au
moins !

Pourquoi donc exiger même ces 400 fr. ? C'est, me
répondent nos législateurs, par les discours de leurs
vingt organes, c'est pour que les mandataires soient
indépendans et puissent faire les dépenses que leur
occasioneront nécessairement un déplacement toujours pénible et coûteux, et un séjour de six mois à
Paris avec ou sans une famille.

Et des garanties de capacité? Des garanties de capacité? Cela regarde les électeurs : nous avons aug-
menté leur nombre et celui des éligibles; c'est tout ce
que nous pouvions faire, qu'il se chargent du reste ;
ce sont là leurs affaires et non les nôtres ; d'ailleurs
ce que vous demandez est impossible.

Ce que je demande est impossible? Cette raison en
vaut bien mille autres... si elle est vraie: mais ne les
croyez pas, Sire, ils vous trompent, en se trompant
eux-mêmes; ils n'ont pas bien cherché, car j'espère
vous prouver, dans la seconde partie de mon projet,
qu'il y a un moyen assez simple de garantir à la
France, au moins pour l'avenir, des capacités dans
nos éligibles. Je n'aime pas qu'on m'oppose l'impos-

sibilité comme une raison ; l'expérience l'a si souvent démontrée fautive.

Cependant il ne faut pas se montrer exigeant, et puisque les membres de nos assemblées délibérantes n'ont pu mieux faire pour guider le choix des électeurs sur les capacités, *qu'il ne faut jamais confondre avec les notabilités*, remercions-les de leurs efforts, et voyons si les 400 fr., qui font les éligibles, nous amèneront au moins des députés indépendans : à défaut des lumières de l'esprit, l'indépendance du caractère est la première qualité d'un député français.

Quoique je n'aie pas, en général, trop mauvaise opinion des hommes, j'avoue que le besoin fait faire bien des choses qu'on ne ferait pas sans lui; mais, en vérité, Sire, qui pense-t-on tromper en disant que cette modique fortune, que représente le cens fixé, puisse rendre indépendant un caractère faible ou vénal ? Cette fortune est à peine de l'aisance en province, à Paris, c'est de la misère ! Les frais de voyage de plusieurs personnes, la nécessite d'avoir, pour ainsi dire, deux ménages, la représentation qu'exige le mandat suffiraient pour absorber une fortune deux ou trois fois plus considérable.

Mais, dira-t-on, les éligibles qui ne pourront subvenir aux frais de la députation ne se mettront pas sur les rangs ou, si on les nomme, ils refuseront. Ils ne refuseront pas, à moins qu'ils ne soient très-honnêtes, et alors, leur refus sera un malheur; mais, il faut bien le dire, les intrigans, les ambitieux ne refuseront pas, parce qu'ils savent qu'un député, qui obtient tant pour les autres, obtiendra pour lui ou les siens tout ce qu'il voudra.

Ils savent malheureusement qu'on paie bien les votes qui se vendent, et il n'y a pas au monde de pouvoir, pas même celui de Votre Majesté, qui puisse empêcher le honteux trafic des consciences.

Les députés de la restauration payaient 1,000 fr. de contributions directes. Ils offraient ainsi deux ou trois fois plus de ce qu'on regarde comme une garantie d'indépendance, et cependant l'histoire de nos quinze dernières années prouve qu'il y avait encore assez de députés à vendre. Il ne faut pour cela qu'un peu d'adresse dans l'acheteur, et cette adresse manque rarement aux mauvais ministres.

Rentrons dans le vrai, Sire, et disons que 400 fr. de contributions ne garantissent pas l'indépendance d'un député. Rien ne peut en donner à ceux qui n'en ont pas. L'indépendance de caractère est une de ces qualités qu'on tient de la nature : on peut fort bien la perdre, mais il est très difficile de l'acquérir.

Aussi je n'attache qu'une importance bien secondaire à ce cens payé par nos éligibles.

Il est d'autres garanties qu'un mandataire devrait donner à ses commettans : garanties d'intelligence et de savoir. Ce n'est pas assez en effet de prendre çà et là quelques centaines d'hommes pour les envoyer à Paris ; on aura beau les réunir dans une vaste salle, et leur dire : Faites des lois ; quelque bonne volonté qu'ils aient, ils ne feront que ce qu'ils pourront, ils ne mettront pas dans les lois plus de science qu'ils n'en ont, et il faudra, comme apprentissage à ces députés choisis au hasard, plusieurs sessions pour les mettre au courant. Jusque là ils feront ce qu'ils verront faire à l'homme qui se sera placé à leur tête, je ne sais trop pourquoi, et la représentation nationale se réduira toujours à une vingtaine de députés capables.

La Chambre et la France sont à la merci de cette vingtaine : le fardeau me semble un peu lourd; aussi les voyons-nous se débarrasser le plus qu'ils peuvent. Le provisoire est le dieu qu'ils adorent. Indulgens à l'excès, imprévoyans outre mesure, toutes les sottises faites, ils les tolèrent, parce qu'elles appartiennent au passé; toutes les fondations utiles, ils les ajournent, parce qu'elles appartiennent à l'avenir! Quant au présent, ma foi, le présent passe si vite, qu'il faut être bien leste pour le suivre dans sa course; aussi s'aperçoit-on souvent que les lois faites hier pour aujourd'hui tombent en caducité dès leur naissance! Prises au vol, elles ne laissent pas plus de trace que l'oiseau qui fend les airs.

Mais si l'âge avec l'expérience qu'il apporte, si la richesse avec l'éducation qu'elle suppose, ne suffisent pas pour faire un bon député, à quels signes le reconnaître?

Je tâcherai, Sire, dans le projet qui termine cette adresse déjà trop longue, je tâcherai d'indiquer le moyen le plus sûr de distinguer le mérite qui, du reste, n'est pas chose insaisissable de sa nature; et si je peux parvenir à faire passer dans l'esprit de Votre Majesté la conviction qui est dans le mien, je me croirai le plus heureux des hommes.

Quant au projet des Chambres, vous avez vu, Sire, que les députés qu'on nommerait en l'exécutant n'auraient pas le droit complet et absolu de faire des lois, parce qu'ils ne représenteraient qu'une fraction des intérêts de la France, et qu'une très-faible partie du peuple français. Vous avez vu, en outre, que ce projet n'avait pris aucun moyen pour que le choix des colléges électoraux tombât presque nécessairement sur les capacités ; il est donc aussi incomplet par rapport aux éligibles, qu'inconstitutionnel par rapport aux électeurs : il ne peut donc pas être une de ces lois qui doivent *déterminer l'organisation des colléges électoraux.* Vous avez sans doute remarqué, Sire, avec toute la France, la singulière fatalité qui a présidé au choix des rapporteurs du projet des commissions dans les deux Chambres.

L'honorable député chargé du rapport à la Chambre élective, a déclaré qu'il n'admettait pas le projet, et par conséquent il a voté contre.

Le noble rapporteur de la Chambre des pairs est un ancien ministre de Louis XVIII, le même qui, en introduisant le double vote dans les élections, a le premier violé le principe de l'ancienne Charte. Ses idées sur le droit électoral ne sont donc pas bien constitutionnelles : aussi, après avoir défendu le projet avec talent et conviction, il l'a sans doute voté en conscience.

Au reste, Sire, il importe peu d'examiner quels hommes ont admis le projet, et quels hommes n'ont pas cru devoir l'admettre. Votre Majesté ne s'occupera que du projet lui-même. Or, tous les Français, âgés de vingt-cinq ans et qu'un jugement n'a pas flétris, doivent contribuer, d'une manière quelconque, à la nomination des députés, voilà la Charte : le projet de loi qu'on vous présente exclut des élections plusieurs millions de Français ! Il confère la souveraineté du peuple aux seuls électeurs ! il établit une classe privilégiée ! Les colléges électoraux qu'il fonde, quand il ne devrait que les *organiser*, ne réunissent pas la moitié des intérêts de la France, et par conséquent la Chambre qui sortira de ces colléges ne sera pas la mandataire de la France ! Il est donc une violation manifeste de la Charte.

Nouveau projet de Loi sur les Élections.

Cependant une loi des élections est urgente : la France la demande à grands cris et l'attend avec impatience. On ne peut conserver sous la nouvelle Charte les lois électorales en vigueur sous l'ancienne.

Cela est mille fois vrai, Sire ; mais, j'ose le dire à Votre Majesté, il vaudrait beaucoup mieux encore rester comme nous sommes, avec notre provisoire électoral, que d'insérer au Bulletin des Lois un projet qui, en violant la Charte, *commence une nouvelle révolution.*

La loi des élections est une loi vitale ; le problème qn'elle résout ne peut pas être indifférent : *Vivre ou ne pas vivre,* voilà la question.

Je suis sans haine comme sans amour pour les hommes de la restauration ; ils ne m'ont jamais fait ni bien ni mal ; leurs œuvres sont de l'histoire pour moi ; et si je les exhume pour méditer sur leurs ruines, je le fais avec la gravité et le recueillement qu'inspirent toujours les ossemens des morts.

Eh bien, Sire, quelle mesure les a perdus eux et leur système ? C'est le principe des priviléges d'un côté, et leurs lois électorales de l'autre.

Les trois cents francs privilégiés, la loi de 1817, le double vote, les fraudes du ministère Villèle, l'organisation par ordonnanes des colléges électoraux en 1830, voilà leurs crimes ; voilà la première cause de leurs malheurs et des nôtres.

C'est vous que la France a choisi pour y mettre un terme et les réparer ; profitez donc de leurs fautes et ne vous engagez pas, dès le commencement de votre règne, dans la route fatale qu'ils ont suivie.

Le provisoire que nous avons maintenant est funeste, parce qu'il se trouve en contravention avec la Charte ; il n'a pas d'autre excuse que d'être provisoire, mais enfin c'en est une : le projet de loi qu'on vous présente ne l'aurait plus, et cependant il est également en contravention avec le pacte fondamental. Le provisoire où nous sommes est un malheur, le projet des Chambres, converti en loi, serait un crime !

Je sais que les circonstances sont difficiles ; je sais que leur difficulté même rend les esprits moins exigeans ; je sais que la réputation d'honnête homme dont jouit Votre Majesté éloigne les soupçons d'arbitraire et d'illégalité. Mais songez-y bien, Sire, la réputation d'honnête homme ne vous suffit plus, il vous faut maintenant celle d'un roi-citoyen, et vous ne pouvez l'acquérir qu'en refusant de signer tous les projets inconstitutionnels qu'on vous présentera. Vous vous embarquez sur une mer semée d'écueils ; la première faute sera punie par le naufrage.

Que faire donc ? Repousser d'abord le projet des Chambres, et ensuite leur en proposer un autre. Lequel ? Le meilleur possible ; celui que vous voudrez, Sire, pourvu qu'il soit en harmonie avec la Charte, le mien peut-être, dans le cas où Votre Majesté l'approuverait.

Si j'étais un homme célèbre par quelque mission importante ou par la publication d'un ouvrage beau et utile ; si j'étais député ou pair de France ; si j'occupais une place dans votre conseil, le projet que j'ose vous soumettre serait mûrement examiné ; on y ferait attention, du moins à cause de la place ou de la réputation de son auteur ; mais parce que je ne suis rien, mon projet ne parviendra qu'avec peine sous les yeux de Votre Majesté, et vous-même peut-être, Sire, malgré votre raison puissante, vous ne jetterez sur cette adresse qu'un regard distrait et préoccupé !

Cependant les plus grands hommes ont eu leur premier ouvrage, l'obscurité d'un citoyen prouve qu'il n'a rien fait, mais non qu'il ne puisse rien faire, il n'est pas absolument nécessaire d'avoir été ou d'être député, de siéger à la Chambre des pairs ou d'être ministre pour avoir réfléchi sur les affaires publiques! les bonnes idées ne sont pas toujours le partage des gens en place! chacun vaut son prix: il faut donc examiner un projet, malgré l'obscurité qui enveloppe son auteur.

S'il suffisait, pour mériter quelque confiance, d'avoir beaucoup réfléchi sur les hommes et sur les choses, je vous dirais, Sire, que je vous adresse ce petit ouvrage après des études de quinze années, nourri de tous les auteurs anciens ou modernes qui ont écrit sur les gouvernemens et les lois, d'autant plus indépendant dans ma pensée, que n'ayant jamais ni occupé, ni demandé, ni désiré aucune place, j'ai examiné les choses, non en vue de moi, mais en vue de la vérité seule.

Si l'un de messieurs les pairs de France ou de nos députés avait eu mes idées, si la loi des élections qu'ils préparent eût été constitutionnelle; si enfin vous n'étiez pas le roi des Français, j'aurais gardé le silence comme par le passé; car je n'ignore pas que cette brochure va m'arracher à moi-même peut-être pour toujours. Mais quand il y a danger pour le pays, chacun lui offre son bras. N'est-ce donc pas également un devoir, lorsqu'il y a danger pour la constitution, de lui offrir des idées qu'on croit utiles? Le sang qui remplit mon cœur, les conceptions qui font vivre mon esprit appartiennent à la patrie, et je suis prêt, selon les circonstances, à la servir comme publiciste et comme soldat.

Je n'appartiens, Sire, ni au mouvement, ni à la résistance, ni au juste milieu, parce que tout parti me semble un esclavage, toute théorie une abstraction, tout système un danger. Je ne connais en législation politique ou civile que des principes, des intérêts et des besoins : la loi doit remonter aux uns, puisqu'elle en découle, consacrer et prévenir les autres, parce que seuls ils peuvent la rendre utile et durable.

Après cette profession de foi que l'obscurité de mon nom m'a paru rendre nécessaire, j'entre, sans autre préambule, dans le projet de loi, qui sera pour ainsi dire le complément et la justification de cette adresse.

Organiser les colléges électoraux avec les Français de vingt-cinq ans.

Arriver, par cette organisation, à choisir les capacités éligibles qui doivent former la Chambre élective.

Voilà le but qu'a posé la Charte et que doit atteindre la loi électorale.

Quelque base que l'on donne à cette loi, il faut respecter la souveraineté du peuple et l'égalité de tous les Français.

Du premier de ces principes découle le droit incontestable que chacun a de concourir à l'élection des mandataires.

Il résulte du second, qu'on ne peut, sans crime, établir un privilége ou une exclusion.

La ligne proportionnelle des contributions, établie par la Charte, est une conséquence nécessaire de l'égalité.

La ligne proportionnelle des droits fondés sur ces contributions découle du même principe.

Ce ne sont pas tant les hommes que les intérêts du pays que doit représenter la Chambre élective, attendu que les hommes meurent, tandis que les intérêts vivent toujours.

Le citoyen qui paye un centime de contributions et le citoyen qui paye 1000 francs, ont le droit de demander compte, l'un du centime, l'autre des 1000 fr. qu'il donne, parce que l'impôt n'est pas une dette qu'il acquitte, mais une donation qu'il fait. *C'est là l'essentielle différence qui existe entre le gouvernement constitutionnel et les monarchies féodales.*

Si donc vous excluez un citoyen du droit électoral, vous ne pouvez exiger qu'il paye la moindre contribution, autrement vous établiriez un privilége, puisqu'ici la contribution donnerait un droit, et que là elle n'en donnerait pas.

Il n'y a que la souveraineté qui puisse faire des lois. Or, la Chambre élective qui ne représenterait ni tous les intérêts, ni tous les droits, ne représenterait pas le peuple souverain; donc cette Chambre n'aurait pas mission suffisante pour faire des lois qui obligeassent ceux dont les intérêts et les droits ne seraient pas représentés par elle.

La Charte n'ayant pas distingué, tout ce qui est peuple en France, a sa part de la souveraineté.

Si trois cent mille, plus ou moins, composent seuls par leurs mandataires la Chambre élective, et si vous soumettez le reste des Français aux lois que cette Chambre a consenties, vous déclarez par là que ces trois cent mille sont souverains, et que tous les autres sont leurs sujets. Il n'y a plus de souveraineté populaire, il n'y a plus d'égalité ; il y a despotisme véritable, despotisme que le Roi, la Chambre des pairs et les trois cent mille électeurs imposeraient aux trente-trois millions d'individus qui forment le peuple français !

Mais, dit-on, puisque les trois cent mille eux-mêmes sont soumis comme les autres aux lois qu'ils ont faites avec les pairs et le Roi, il y a donc égalité, il n'y a donc pas despotisme.

Je vois bien qu'il y a égalité dans l'obéissance ; mais il n'y a pas égalité dans le droit, puisque les uns ont fait seuls la loi et peuvent seuls la changer, tandis que les autres n'ont pas contribué à la faire et ne contribueront pas à la changer.

Les trois cent mille obéissent en *hommes libres,* attendu que la loi n'est que l'expression de leur volonté, et qu'ils peuvent modifier cette loi ou la détruire, si leur volonté change ou s'éclaire.

Les trente - trois millions au contraire obéissent *comme des esclaves*, puisqu'ils sont forcés de se soumettre aux ordres d'une volonté étrangère, sans qu'il leur soit permis d'éluder ces ordres sous quelque prétexte que ce soit.

Ainsi, toute loi électorale qui excluera des colléges un seul Français fera des despotes et un sujet, des maîtres et un esclave.

Lorsque Louis XVIII octroya la Charte, régnant en vertu de la légitimité et par droit de naissance, il admit au partage de son pouvoir souverain les pairs de France *qu'il nomma*, et tous les électeurs de 3oo fr. *qu'il privilégia*. Son successeur, après avoir juré de maintenir ces priviléges, viola son serment et la Charte du roi son frère. La France, comme effrayée de son parjure, s'est entr'ouverte sous ses pas, et il a disparu avec sa famille, emportant dans le gouffre le titre déchiré de la royauté héréditaire.

Dès lors plus de souverain en France, plus de pairs, plus d'électeurs par privilége, le titre des uns et des autres était la Charte octroyée: cette Charte a été ensanglantée, détruite par des mains parjures. Il n'y avait donc plus ni Charte, ni pouvoir, ni roi, ni législateurs.

Quand il n'y a plus de souverain, le droit naturel revit dans toute sa force : le mandataire mort, le mandat expire, et les commettans sont tout juste dans la même position qu'avant le mandat.

Ainsi, le peuple redevient souverain, il peut se

choisir telle ou telle forme de gouvernement : oli-
garchie ou république, royauté élective ou héréditaire, monarchie absolue ou constitutionnelle. Ren-
tré dans tous ses droits, il en dispose à son gré; il re-
construit la société sur un modèle de son choix; il n'a
plus pour juge que Dieu, et pour lien que la loi naturelle. Tout est à refaire en politique, parce que tout
a été détruit.

Voyons donc ce qui a été fait? La Charte qui établit
une monarchie constitutionnelle, Philippe d'Orléans
est nommé roi avec toute la puissance exécutive et
des ministres responsables; une chambre des pairs est
créée avec le droit de proposer les lois et de les refuser : voilà tout le pouvoir exécutif remis entre les
mains du roi, voilà les deux tiers de la puissance politique abdiquée en faveur de la royauté et de la
Chambre des pairs.

La troisième partie du pouvoir reste aux mains du
peuple *qui n'a pas voulu s'en dessaisir. Cette troisième
personne de la trinité politique est égale aux deux
autres.*

Le peuple, qui a donné aux deux pouvoirs créés
par lui le droit de proposer ou de refuser les lois, s'est
réservé un droit égal, et de plus celui de discuter le
premier les lois des finances, d'accuser les ministres respoñsables, etc., etc.

Les colléges seront organisés : pour être électeur,
il faut avoir vingt-cinq ans et réunir les autres conditions déterminées par la loi, c'est-à-dire être homme,

ne pas être interdit, et n'avoir juridiquement à subir aucune peine afflictive ou infamante. Pour être éligible, il faut avoir trente ans. Le nombre des députés reste le même que sous l'ancienne Charte.

Voilà où nous en sommes encore aujourd'hui.

Électeurs.

On a divisé les Français en deux classes : les propriétaires et les prolétaires. Les premiers, qui sont les heureux du monde, craignant les seconds, s'appliquent à leur courber la tête encore davantage, à les traîner dans la fange ; les épithètes les plus odieuses suffisent à peine pour les caractériser ; il n'y a pas de crimes dont ils ne soient capables, pas d'abaissement qu'ils ne doivent subir. Prolétaires ! c'est comme si l'on disait une foule d'hommes qui n'aiment que le meurtre et le pillage, espèce de créatures abâtardies qui n'appartiennent plus à la nature humaine, bonne tout au plus à servir messieurs les propriétaires. Je ne me ferai pas ici l'apologiste des prolétaires ; je dirai seulement que les deux classes ont chacune leur mérite, chacune leurs vices, chacune leurs vertus, et que les prolétaires rendent à l'État des services inappréciables.

Figaro disait au comte Almaviva : « Monseigneur, aux qualités que vous exigez dans un domestique, trouveriez-vous beaucoup de maîtres qui fussent dignes d'être valets ? » Je pense que la réflexion si piquante de Beaumarchais est applicable aux propriétaires et aux prolétaires.

Quoi qu'il en soit, ces deux appellations qui ressemblent trop aux noms de vassaux et de serfs, de seigneurs et de paysans, ne devraient jamais être employées sous un gouvernement constitutionnel.

La loi politique ne connaît que ceux qui payent des contributions et ceux qui n'en payent pas.

Celui qui ne donne rien au gouvernement n'a pas de compte à lui demander : ne faisant aucun sacrifice, il ne peut réclamer l'*exercice* d'aucun droit ; non que ses droits de citoyen puissent lui être ravis, *ils sont imprescriptibles* : si demain il paye un centime, il aura le droit de demander au gouvernement compte de ce centime ; mais jusque-là son droit, ne représentant aucun intérêt, ne peut lui donner aucune influence.

Puisque les intérêts politiques, c'est-à-dire les contributions, sont le signe et la raison, non de la capacité, mais du droit électoral, il faut que dans les colléges, l'influence de chacun soit dans une proportion exacte avec les contributions qu'il paye.

Pour arriver à ce but, nous devrons prendre pour base les intérêts mêmes : nous choisirons un grand commun diviseur, et autant de fois que ce diviseur se trouvera dans les contributions, autant de voix nous aurons dans les colléges électoraux.

Il n'y aura là ni injustices ni priviléges : les changemens de fortune, le morcellement des propriétés, les augmentations ou les diminutions d'impôt, enfin toutes les variations qui surviennent dans la situation du pays ne rendront jamais la loi incomplète ou impraticable.

Alors personne n'aura à se plaindre, parce que les intérêts seront représentés dans une proportion exacte.

Prenons pour diviseur des contributions directes le chiffre de 200 francs.

Eh bien! chaque 200 francs de contributions directes amèneront dans les colléges, non pas précisément tel ou tel électeur, mais une voix qui tantôt représentera les intérêts d'un seul Français, tantôt les intérêts de plusieurs particuliers, tantôt les intérêts d'une commune.

Tous les Français seront égaux devant la loi, puisque tous contribueront aux élections, et par conséquent entreront en partage de la souveraineté populaire dans une proportion basée sur leurs sacrifices, comme le veut la Charte dans son art. 2.

Il n'y a pas de classe privilégiée, puisque les intérêts sont pris pour ligne proportionnelle, et que cette ligne est la même dans toute son étendue, de manière que les intérêts réunis de vingt personnes, montant ensemble à la somme de 200 francs, auront dans les élections les mêmes droits, la même influence, la même part de souveraineté que les intérêts d'un seul, s'élevant à la même somme de 200 francs.

Par le même principe constitutionnel, que ce Français paye lui seul 200 francs, tandis que les vingt individus dont il s'agit ne payent, en se réunissant, que la même quotité de contributions.

Je défie de trouver un mode d'élection plus juste, plus équitable, plus constitutionnel.

Ce principe posé, il s'agit de le mettre en pratique; car il ne suffit pas qu'un projet soit bon et raisonnable, il faut encore qu'il soit d'une exécution facile.

Voici donc, Sire, ce que je propose pour l'organisation des colléges électoraux :

Seront admis dans ces colléges trois classes d'électeurs représentant chacun une somme d'intérêts égale, 200, 300 ou 400 francs; plus le cens sera élevé, plus on approchera de la perfection.

1° Les électeurs à titre personnel; 2° les électeurs mandataires des particuliers; 3° les électeurs mandataires des communes.

Tous les Français de vint-cinq ans, payant 200 fr. de contributions directes, et remplissant les autres conditions déterminées par la loi, seront électeurs à titre personnel.

Jusqu'à présent rien n'est changé dans le projet des Chambres; mais, jusqu'à présent aussi, nous n'avons qu'une représentation tronquée. Partant d'un centre, nous nous arrêtons à la moitié du cercle; pour tracer l'autre moitié du cercle commencé, et, pour avoir une circonférence inattaquable, voici ce que j'ajoute :

Les Français payant moins de 200 francs personnellement pourront, en se réunissant, compléter entre plusieurs le cens que la loi détermine, et envoyer au collége électoral un mandataire qui, représentant leurs intérêts réunis et en vertu de leurs droits également réunis, aura voix dans le collége électoral comme l'électeur au titre personnel, par la

raison que quatre fois cinquante, ou cinq fois qua-
rante, égalent deux cents.

Vous persuaderez difficilement à un homme qui
paye 199 fr. de contributions que son voisin, qui
en paye 200, a tous les droits, tandis que lui n'en
a aucun; la petite différence qu'il y a entre les intérêts ne lui paraîtra jamais en harmonie avec les
droits qui en résultent, parce qu'il ne peut admettre que 99 égalent 00.

Il comprendra facilement, au contraire, que pour
avoir un droit égal à celui de son voisin, il doit ajouter
au cens qu'il paye déjà les quelques centimes qui lui
manquent, parce que le plus ignorant sait que 199
et 1 font 200.

S'il y avait une différence entre l'électeur à titre
personnel et l'électeur mandataire, elle serait peut-
être à l'avantage du dernier, parce qu'il représente
deux ou plusieurs personnes, tandis que le premier
n'en représente qu'une seule. Les intérêts et les droits
sont les mêmes, cela est vrai; mais les lumières de
deux hommes réunis l'emportent, en général, sur les
lumières d'un seul homme, parce que dans la France
la raison et le bon sens ne suivent pas toujours la
proportion de la richesse.

Qu'on n'objecte pas la difficulté de ce mandat électoral; car rien au monde n'est plus facile : adoptez
telle ou telle mesure que vous voudrez, et puis les
individus se chargeront de remplir les conditions légales; consacrez le droit, parce que cela est juste, et

laissez à ceux qui l'ont le soin de le constater et de l'exercer si cela leur convient.

Et, au fait, quel obstacle rencontrerons-nous? Je paye 100 francs d'impositions directes. Mon frère, héritier comme moi de mon père qui était électeur, paye la même somme; nous le constaterons comme les électeurs à titre personnel. Je dirai à mon frère : veux-tu aller aux élections cette année, j'irai, moi, au prochain collége; s'il accepte, je lui donnerai procuration sans aucun frais, d'après une formule que la loi peut régler; le maire légalisera ma signature, et avec cette pièce, mon frère payant par lui-même ou par moi le cens que la loi exige, ira, chargé de ses vœux et des miens, au collége électoral, et représentera, comme cela doit être, nos intérêts particuliers qu'il fera connaître au mandataire que le collége choisira.

Quoi de plus simple que cet arrangement? Qu'y a-t-il donc là d'impossible? Quatre ne pourraient-ils pas faire ce que deux ont fait?

Mais de grâce, Sire, après avoir pris les précautions nécessaires pour constater le cens, au lieu de créer des difficultés, attachez-vous à les aplanir; car le meilleur gouvernement est celui où l'on exerce le plus commodément possible les droits que l'on tient de la nature et de la loi.

Malheur au gouvernement qui suit d'autres maximes; il se blesse lui-même, et il finira par se donner la mort; car une petite tracasserie de forme

exaspère toujours autant et souvent plus qu'une injustice réelle; puisque l'administration a été instituée
pour aider les citoyens, et non pour les entraver.
L'administrateur n'est, en dernier résultat, qu'un
mandataire.

Viennent maintenant les individus qui, n'étant pas
électeurs à titre personnel, ne veulent ou ne peuvent se réunir à l'un ou plusieurs de leurs concitoyens pour compléter le cens et se choisir simul-
tanément un mandataire.

Ceux-là ont aussi des intérêts spéciaux qui doivent
être représentés.

Qu'on assemble dans chaque commune, à chaque
élection, tous les individus de vingt-cinq ans domi-
ciliés dans la commune et y payant une cote person-
nelle quelconque.

On sait à un centime près la somme que paye à
l'État cette foule de citoyens. Eh bien, chaque commune réunie, sous la présidence de l'officier civil,
choisira autant d'électeurs qu'il y aura de fois 200 fr.
dans la somme à laquelle elle est imposée.

Si la dernière fraction des contributions de la commune s'élève à 100 fr., la commune nomme un électeur qui représentera ces 100 francs, parce qu'il vaut
mieux un électeur de plus dans les colléges qu'un
droit de moins dans la Chambre.

Il est bien compris que les assemblées communales
pourront choisir pour leur représentant au collége le
citoyen qu'ils voudront, quand même il appartien-

drait à la troisième classe, pourvu qu'il ne soit pas électeur à d'autres titres, et qu'il remplisse l'une des conditions suivantes : qu'il soit juge ou magistrat, officier de terre ou de mer retraité ou non, avocat, avoué ou agréé, greffier ou huissier, médecin, professeur ou membre de quelque société savante autorisée, homme de lettres, appartenant enfin à l'une des classes libérales, ou bien, à défaut de cette garantie, pourvu qu'il paye 3o, 4o, 5o francs de contributions directes, plus ou moins.

Outre qu'il y aurait dans cette mesure sagesse et prévoyance, il y aurait encore justice ; car il est juste que ceux qui payent un cens plus élevé jouissent d'un droit plus étendu.

Ainsi l'on repousserait des colléges les intrigans de village et les orateurs de cabaret, avec lesquels les honnêtes gens ne veulent pas se compromettre.

D'ailleurs les individus que je viens de désigner pourraient se déranger plus facilement ; ils sont aussi plus instruits.

En laissant au particulier le droit de se choisir un mandataire particulier, on écarte tout sujet de plainte ; car quiconque ne voudra pas recourir au scrutin des assemblées pourra charger qui lui plaira de ses intérêts et de ses droits.

Les élections communales présentent moins de difficultés réelles que les élections de la garde nationale ; les unes ne feront que préparer les autres.

Au moyen de ces trois classes d'électeurs, tous les

intérêts seront représentés dans une gradation légale; tous les droits seront confiés à des mandataires; l'organisation des colléges sera complète, et la Chambre qui en sortira représentera véritablement la nation.

Je ne veux ni défendre, ni condamner le principe des adjonctions; il semble naturel de ne pas priver le pays des lumières et de l'expérience de ceux qui les possèdent. Si ces adjonctions sont un privilége, c'est le seul que nous puissions admettre, parce qu'il se fonde sur des capacités et une supériorité réelles. Cependant, malgré les avantages que le pays en retirerait sans doute, j'ai une telle horreur de toute espèce de privilége, que je n'oserais pas proposer les adjonctions qui en sont un véritable.

Au reste, je ferai observer que la plupart de ceux en faveur desquels on créerait ce privilége viendraient naturellement aux élections, si l'on admettait le projet que je discute, parce que ceux qui ne sont pas électeurs à titre personnel seront choisis en général pour représenter les particuliers et les communes; si l'on fait attention au crédit que leur donnent la position qu'ils occupent, les services qu'ils rendent, l'éducation qu'ils ont reçue enfin les qualités qui les distinguent, on conviendra sans peine qu'ils auront nécessairement dans les colléges électoraux toute l'influence désirable.

Je ne terminerai pas cette partie de mon travail sans faire observer à Votre Majesté que, dans mon projet, peu importe la quotité du cens ; car tout étant réglé sur les intérêts, et les intérêts eux-mêmes se trouvant représentés également dans une proportion mathématique, cette quotité est tout simplement une affaire de pratique. Or, les élections me sembleraient d'une exéution plus facile, si le nombre des électeurs était moindre.

On déplacerait moins de monde, les hommes instruits auraient plus d'influence, et le crédit des grands propriétaires serait aussi plus étendu, ce qui devrait être, vu que les sacrifices auxquels on les oblige sont plus considérables. Il est vrai que la Chambre des pairs, aristocratique de sa nature, et représentant par conséquent les grandes illustrations et les hautes fortunes, fournit aux riches une garantie qui doit les rassurer et les satifaire (1).

D'ailleurs n'est-il pas certain que les gros propriétaires remuent facilement les hommes, qui presque tous ont besoin d'eux pour vivre.

Enfin, comme il s'agit de la Chambre élective, du

______

(1) Un célèbre avocat, devenu garde des sceaux, ne me paraît pas heureux dans la citation qu'il a faite d'un passage de Barnave. La loi des élections, qui était alors discutée, comprenait pour ainsi dire, à elle seule, tous les pouvoirs de la France. Il n'y avait pas de Chambre des pairs, et par conséquent il fallait plus de garantie aux riches. Mais aujourd'hui qu'il existe un pouvoir tout aristocratique, on ne voit pas la nécessité de prendre contre la démocratie des précautions inutiles et inconstitutionnelles.

Ce n'est pas assez *d'avoir fait de la liberté* quand on était grand avocat, il faut aussi, quand on est devenu ministre, faire un peu d'égalité.

pouvoir populaire, il semble impossible de former cette Chambre et ce pouvoir sans le concours du peuple. Or, il n'y a pas de moyen d'admettre le peuple dans les colléges d'une manière moins dangereuse et plus constitutionnelle.

Rejeter le peuple tout-à-fait, c'est de la restauration, c'est du privilége, c'est du despotisme; admettre le peuple tout entier, c'est-à-dire donner au citoyen qui contribue le moins la même influence qu'au citoyen qui contribue le plus, ce n'est pas suivre la Charte qui établit une différence dans les charges.

Si vous ne mettez pas cette même différence dans l'exercice du droit électoral, il n'y a pas de proportion, ni par conséquent d'égalité.

Je suis persuadé, Sire, qu'il existe dans le projet plusieurs inconvéniens; il s'en trouve partout; mais il me paraît démontré qu'il est en parfaite harmonie avec la Charte; qu'il consacre comme elle la souveraineté du peuple et l'égalité de tous les Français; qu'il amène tous les intérêts et tous les droits dans les collèges électoraux; qu'il donnera par conséquent la représentation nationale; qu'il établit entre la monarchie représentative et la république la ligne de démarcation qui doit exister entre elles, et j'ajouterai que les hommes d'État, d'opinions, d'intérêts et d'âge différens auxquels je l'ai communiqué l'ont trouvé convenable, et déduit naturellement de notre évangile politique.

Les bons esprits sont d'accord sur un point,

c'est que le projet des chambres ne peut subsister ; la masse des députés et des pairs le savent fort bien eux-mêmes.

Les tatonnemens du ministère, les tergiversations des chambres, prouvent que la matière n'a pas été comprise. L'espèce d'accueil qu'on a fait à ce projet inconstitutionnel n'est qu'une transaction née du besoin de s'en aller promptement, mais au fond ni la droite ni la gauche, ni les centres eux-mêmes, n'en sont pleinement satisfaits. Vous pouvez, Sire, le savoir mieux que personne ; c'est un fait constant et de notoriété publique.

Outre la nécessité du départ, cette inconcevable transaction a eu pour cause l'imposibilité de s'entendre. Deux opinions principales règnaient dans la chambre, l'une voulait les élections les plus larges, le vote de tous les Français, âgés de vingt cinq ans, sans exclusion ni différence : l'autre voulait les élections de la restauration, moins le double vote et peut-être plus étendues. Ceux-ci mettent des limites, ceux-là les rejettent ; il n'y a donc pas de discussion possible, parceque, pour discuter, il faut au moins convenir d'un principe.

On a transigé ; mais le projet est resté sans principe comme la discussion ; on a avancé, mais dans une mauvaise route ; il fallait en sortir, il fallait effacer le souvenir de la charte octroyée, et ne voir que la charte populaire. Il fallait ne pas préférer les intérêts particuliers de trois cent mille aux intérêts généraux des trente-trois millions; il fallait, en un mot, ne pas assigner de limites à la souveraineté populaire, et proportionner l'influence du droit à la quotité des sacrifices, parce que c'est là l'unique moyen de donner un sens raisonnable au premier article de la charte.

Le projet que j'adresse à Votre Majesté tient le milieu entre les deux opinions de nos législateurs; il ne limite pas le droit, mais l'influence.

Eligibles.

Pourquoi organiser les colléges? pour nommer des mandataires : quels doivent être ces mandataires nés des élections? les plus capables.

Qui dit élection dit choix : or, quand on choisit, ce n'est pas pour prendre de plusieurs choses la plus mauvaise mais la meilleure.

Je me représente les élections comme ces opérations chimiques où l'on travaille un liquide de mille façons différentes, pour arriver, en le distillant, à en tirer l'esprit le plus pur.

J'ai dit, en réfutant le projet des chambres, que les députés, choisis par les colléges électoraux qu'il forme, n'auraient pas les droits nécessaires pour faire des lois, attendu qu'ils ne réuniraient pas toutes les parties du mandat populaire.

Les députés choisis par les colléges électoraux, organisés d'après mon projet, représenteraient l'universalité des droits et des intérets ; les lois faites par ces législateurs, consenties par eux, au nom de tous, seraient obligatoires pour tous, l'obéissance alors serait vraiment égale, et ne rendrait pas les uns sujets des autres.

J'admets les trente ans pour les députés, parceque c'est un article de la charte : *il n'y a rien de plus cher que les fonctions gratuites,* je voudrais donc qu'un traitement fût accordé aux mandataires du peuple.

J'admets les exclusions du projet des chambres, mais je les étends à tous les employés dont les fonctions sont incompatibles avec le mandat.

La charte (art. 35) parle d'un cens d'eligibilité : quoique cet article laisse aux chambres une grande latitude, cependant je ne pense pas qu'on doive limiter par le cens le nombre des eligibles, attendu que le cens n'est qu'une bien faible présomption de capacité et d'indépendance, et que si les chambres veulent entrer franchement dans l'esprit de la charte, elles s'attacheront, non à étendre les exclusions, mais à les restreindre ; je ne sache pas que la richesse soit le signe d'une supériorité intellectuelle, et par conséquent, la richesse ne peut concentrer sur les individus qui la possèdent le droit exclusif de faire des lois, parceque les lois sont essentiellement l'œuvre de l'intelligence.

Le projet des chambres confond les *notabilités* avec les *capacités;* c'est un malheur nécessaire pour le moment, parceque nous n'avons pas de signe auquel on puisse reconnaître les capacités.

Ne pas avoir cherché un moyen d'obvier à ce grand malheur pour l'avenir, c'est une faute.

Ce moyen existe; et si celui que je vais indiquer n'est pas infaillible, il est au moins satisfaisant.

Le mérite d'un législateur, ai-je dit, n'est pas chose insaisissable de sa nature; il s'acquiert, non par l'âge et la richesse, mais par des études fortes et spéciales. Qu'on réduise en science toutes les idées qui doivent meubler la tête d'un bon député; qu'on enseigne cette science et qu'on n'admette en général comme éligibles que ceux qui l'ont étudiée.

Voici donc ce que j'ose vous proposer, Sire; l'établissement d'une faculté nouvelle dans le chef-lieu de chaque département ou tout au moins dans le chef-lieu de chaque académie.

On enseignera dans cette faculté nationale tout ce qu'il faut savoir pour être pair de France ou député, législation générale, économie politique, histoire spéciale des assemblées délibérantes, éloquence parlementaire.

Les cours de cette Faculté seront publics, libres, gratuits, et se feront tous en langue française.

Il y aura des grades; et, pour les obtenir, il ne faudra être ni bachelier-ès-lettres ni bachelier-ès-sciences, car tout Français doit pouvoir obtenir les grades, quelles qu'aient été d'ailleurs sa profession et ses études.

Les professeurs de cette Faculté seraient nommés par le Roi, et il faudrait s'arranger de manière que le prix des grades couvrît les frais qu'occasioneraient l'établissement et l'entretien de la Faculté nationale.

Le jury d'examen, qui seul distribuerait les grades, serait composé :

1° Des professeurs de la Faculté nationale;

2° Des députés du département;

3° Des pairs de France, ayant leur domicile dans le département;

4° Du préfet, du receveur-général des finances et du président du tribunal.

Pour être admis à l'examen, il faudrait avoir suivi les cours pendant un laps de temps fixé, ou subir un examen particulier préparatoire.

Il y aurait trois grades : financier, économiste, législateur.

Ne pourraient être députés que ceux qui, réunissant les autres conditions établies par la loi, auraient obtenu au moins le premier de ces grades.

Je voudrais, pour le dire en passant, que dans le cas où la pairie héréditaire serait conservée, ne pussent être admis à cet héritage que les fils de pairs qui auraient obtenu les trois grades.

Deux exceptions pour les députés :

Tous les Français qui, lors de la fondation de cette Faculté, auraient atteint un âge qu'on fixerait; 21, 25 ou 30 ans (cela demanderait un examen sérieux), pussent être éligibles sans y avoir pris aucun grade.

Comme il y a des hommes qui se développent tardivement, ou qui, formés par les circonstances extraordinaires, deviennent fortuitement nécessaires au pays, je voudrais que chaque département pût choisir un mandataire hors des membres gradués de la Faculté nationale.

Ce n'est pas ici le lieu de développer les innombrables avantages qui résulteraient de cet enseignement nouveau; Ils n'échapperont pas à la pénétration de Votre Majesté. Il serait bien glorieux pour elle d'attacher son nom à ces écoles qui n'existent nulle part. L'établissement de l'École Polytechnique a suffi pour rendre une renommée immortelle, et cependant quelle comparaison établir entre un établissement utile, mais secondaire, et cette Faculté nationale qui, en formant l'esprit public, propageant les lumières, préparerait de bonnes lois, en assurant à la France des assemblées législatives, telles qu'il n'en exista jamais chez aucun peuple.

Il appartient au Roi-citoyen de fonder cette école de citoyens.

Je sais tout ce que l'on dira contre cette innovation; mais les objections tombent devant une réflexion bien simple : il n'y a peut-être que ce moyen d'avoir des députés offrant des garanties réelles de capacité. Ces grades ne feront pas des hommes de génie, mais ils feront des hommes instruits qui connaissant au moins les finances, pourront examiner un budjet.

Remarquez, Sire, que le principe n'est pas nouveau, ce n'est là que l'accroissement progressif d'un système depuis long-temps en vigueur. Ce n'est là que le développement d'une idée dont les heureux résultats attestent l'excellence.

Pourquoi les écoles de droit, de médecine, de pharmacie? Pourquoi l'École Polytechnique et les autres écoles militaires? N'est-ce pas pour former de bons avocats, de bons médecins, de bons officiers, et donner à la société des garanties de capacité? Où donc serait l'inconvénient d'exiger d'un législateur ce qu'on exige d'un avocat ou d'un sous-lieutenant?

Nos députés et nos pairs de France auraient fait,

dans les écoles nationales, l'apprentissage qu'ils font dans les chambres; il y a moins de danger dans un cas que dans l'autre.

Il ne me reste plus qu'un mot à dire sur le nombre de nos mandataires. La charte a décidé (art. 32) que *chaque département aura le même nombre de députés qu'il a eu jusqu'à présent*. Cette disposition est sacrée comme toutes les autres; il faut la respecter. Le projet des chambres est encore inconstitutionnel sous ce rapport; car si je ne me trompe, il a retranché des députés à quelques départemens, et en a ajouté à quelques autres. Je n'ai pas vérifié le fait; mais s'il existe, comme je le crois, c'est une nouvelle violation de la Charte, et vous devez, Sire, la repousser comme toutes celles que j'ai indiquées.

Si jamais mon projet vient à se réaliser, il sera facile d'obtenir que les députés représentent chacun une égale partie des contributions directes. Mais en recherchant cette égalité, il faut conserver l'art. 32 de la Charte; car il n'est permis à personne, même pour un plus grand bien, d'y changer un mot sans nécessité.

On dit : Oui, la Charte est sacrée; mais si une ordonnance la viole en principe, il n'en est pas de même d'une loi; la loi émane des trois pouvoirs, ces trois pouvoirs réunissent la souveraineté, ce qu'ils font de concert est donc nécessairement constitutionnel.

Le raisonnement est spécieux, mais il ne s'appuie pas sur une vérité rigoureuse.

Il n'y a de constitutionnel que ce qui est en harmonie avec la constitution; donc une loi même qui détruit un article de cette constitution est vraiment inconstitutionnelle.

Le peuple n'est pas censé donner aux députés un mandat assez étendu pour changer la Charte, il faut pour cela un mandat spécial, voilà pourquoi j'ai dit plus haut que dans le cas où l'on voudrait améliorer le pacte fondamental, il faudrait de toute nécessité dissoudre les Chambres, et bien avertir le peuple qu'on lui demande un mandat spécial pour discuter et faire cette amélioration; autrement l'inconstitutionnalité d'une loi ne peut trouver d'excuses que dans la nécessité.

La doctrine que je professe est déjà dans les esprits; elle fait partie du sens commun populaire. Rappellons-nous ce qui s'est passé sous la restauration. Le double vote eut la sanction des trois pouvoirs; la septennalité aussi, et cependant jamais ces lois n'ont eu d'autre appui que la force. On les a toujours reprochées comme des crimes à ceux qui les ont votées; le blâme a été public, impitoyable, parce qu'il n'est pas plus permis d'établir un privilége par une loi que par une ordonnance.

Ne vous laissez donc pas entraîner dans la route où l'on vous pousse. Le premier pas fait, vous ne pourrez plus reculer. Ils le savent bien ceux qui vous proposent de signer le projet de loi que je combats. L'honneur constitutionnel ressemble à tous les autres : *on n'y peut plus rentrer quand on en est dehors.*

Choisissons donc, Sire, entre la Charte et le privilége, entre l'arbitraire et la loi. Toutes les mesures que nous avons prises jusqu'à présent n'ont qu'une importance très-secondaire, parce qu'elles ne tiennent pas à la Charte. La loi des élections est fondamentale, organique, vitale ; votre réputation, comme roi, dépend du parti que vous prendrez : l'action est décisive, on en attend le résultat avec la plus vive anxiété ; et selon votre détermination, vous serez regardé par les amis de la Charte comme le Roi-Citoyen avec lequel il faut marcher, ou comme un roi provisoire qu'il faut abattre à tout prix.

J'avais écrit quelques lignes où je vous racontais ce qu'on dit et ce qu'on pense de Votre Majesté dans les diverses classes du peuple : mais cédant, bien malgré moi, à des considérations puissantes, je les efface ; il y a des bornes même à la franchise.

Je ne sais ce que vous conseillent ceux qui sont chargés des destinées de la France ; mais je crains qu'ils ne trahissent la vérité pour arriver à une fin peu constitutionnelle. Il est si facile de dénaturer les faits ; l'intervalle qui sépare le conseiller d'un courtisan, et le courtisan d'un flatteur est si étroit, si rapide !........

Quoi qu'il en soit, le jour où ceux qui entourent Votre Majesté ne lui diront pas la vérité tout entière, la monarchie sera en danger; le jour où le citoyen courageux et de bonne foi croira inutile de vous faire entendre cette vérité, la France sera trahie et Votre Majesté perdue.

Nous n'en sommes pas là, Dieu merci; la loi des élections nous révélera la marche que veut suivre le gouvernement; nous saurons par elle ce qu'il faut craindre ou espérer; nous saurons par elle si la restauration est ensevelie sous les ruines de la royauté parjure, si le système a survécu aux hommes, si l'on veut donner des garanties aux amis de la liberté, ou bien aux cours étrangères; enfin, si la Charte sera désormais une vérité.

Pour moi, Sire, j'ai rempli ce que je regarde comme un devoir; et quoi qu'il arrive, j'aurai fait tous mes efforts pour l'avenir de mon pays.

Ah! si au lieu de tourner sans cesse des yeux inquiets vers les puissances qui nous menacent, nous nous enfermions tranquillement chez nous, exécutant la Charte avec fidélité, marchant sans arrière-pensée dans la route des améliorations progressives, ne reculant jamais d'un pas, ne voyant rien au-delà de juillet, puisqu'entre le passé et nous, il y a un abîme, quel beau règne que le vôtre! quel brillant avenir que celui de la France!

Le meilleur moyen de rendre les Français heureux c'est d'exécuter la Charte. Le seul moyen de vaincre les étrangers s'ils nous attaquent, c'est d'exécuter la Charte.

Or, la Charte c'est une loi des élections sans privi-léges et sans exclusions ; c'est la souveraineté du peuple dans la Chambre élective ; c'est l'égalité de tous les Français dans les colléges électoraux.

FIN.